# TABLE OF CONTENTS

| | |
|---|---|
| _____ | 1 |
| _____ | 3 |
| _____ | 5 |
| _____ | 7 |
| _____ | 9 |
| _____ | 11 |
| _____ | 13 |
| _____ | 15 |
| _____ | 17 |
| _____ | 19 |
| _____ | 21 |
| _____ | 23 |
| _____ | 25 |
| _____ | 27 |
| _____ | 29 |
| _____ | 31 |
| _____ | 33 |
| _____ | 35 |
| _____ | 37 |
| _____ | 39 |

## TABLE OF CONTENTS (continued)

| | |
|---|---|
| _____ | 41 |
| _____ | 43 |
| _____ | 45 |
| _____ | 47 |
| _____ | 49 |
| _____ | 51 |
| _____ | 53 |
| _____ | 55 |
| _____ | 57 |
| _____ | 59 |
| _____ | 61 |
| _____ | 63 |
| _____ | 65 |
| _____ | 67 |
| _____ | 69 |
| _____ | 71 |
| _____ | 73 |
| _____ | 75 |
| _____ | 77 |
| _____ | 79 |

## TABLE OF CONTENTS (continued)

| | |
|---|---|
| _____ | 81 |
| _____ | 83 |
| _____ | 85 |
| _____ | 87 |
| _____ | 89 |
| _____ | 91 |
| _____ | 93 |
| _____ | 95 |
| _____ | 97 |
| _____ | 99 |
| _____ | 101 |
| _____ | 103 |
| _____ | 105 |
| _____ | 107 |
| _____ | 109 |
| _____ | 111 |
| _____ | 113 |
| _____ | 115 |
| _____ | 117 |
| _____ | 119 |

## TABLE OF CONTENTS (continued)

| | |
|---|---|
| _____ | 121 |
| _____ | 123 |
| _____ | 125 |
| _____ | 127 |
| _____ | 129 |
| _____ | 131 |
| _____ | 133 |
| _____ | 135 |
| _____ | 137 |
| _____ | 139 |
| _____ | 141 |
| _____ | 143 |
| _____ | 145 |
| _____ | 147 |
| _____ | 149 |
| _____ | 151 |
| _____ | 153 |
| _____ | 155 |
| _____ | 157 |
| _____ | 159 |

## USEFUL INFORMATION

**Original Gravity (OG)** – the specific gravity of the wine, generally measured with a hydrometer

**Final Gravity (FG)** – the specific gravity of the fermented wine

**ABV** – Alcohol By Volume. This can be estimated using the following formula:

$$ABV = (OG - FG) * 135$$

**pH** – A measure of the acidity of wine. Higher pH indicates lower acidity, lower pH indicated higher acidity. This can be tested using a pH meter from a winemaking supply store.

**SO2** – Sulfur Dioxide. The SO2 content of a wine can be measured with a test kit from a winemaking supply store

### DAMSON
*WINE NAME*

Wine Style: _____  Date Started: DEC 2018

Batch Number: _____  Batch Size: _____

## Ingredients

| INGREDIENT | AMOUNT |
|---|---|
|  |  |
|  |  |
|  |  |
|  |  |

## Additives

| ADDITIVE | AMOUNT |
|---|---|
|  |  |
|  |  |
|  |  |
|  |  |

Preparation Notes: Bottled 31 JUL 2019
drink from 31 OCT 2019

Yeast Type:

Original Gravity: _____ Final Gravity: _____ ABV: _____
Procedure Notes: _____
_____
_____
_____
_____
_____
_____

Fermentation and Racking Notes:_____
_____
_____
_____
_____
_____

Bottling Notes: _____
_____
_____
_____
_____

**Notes on Finished Wine**

Color: _____
Taste: _____
_____
pH: _____
SO2: _____
Other: _____
_____
_____

_____
*WINE NAME*

Wine Style: _____  Date Started: _____

Batch Number: _____  Batch Size: _____

## Ingredients

| INGREDIENT | AMOUNT |
|---|---|
|  |  |
|  |  |
|  |  |
|  |  |

## Additives

| ADDITIVE | AMOUNT |
|---|---|
|  |  |
|  |  |
|  |  |
|  |  |

Preparation Notes:_____

_____
_____
_____
_____
_____
_____
_____
_____

Yeast Type:

_____

_____

Original Gravity: _____ Final Gravity: _____ ABV: _____

Procedure Notes: _____

_____

_____

_____

_____

_____

Fermentation and Racking Notes:_____

_____

_____

_____

_____

Bottling Notes: _____

_____

_____

_____

**Notes on Finished Wine**

Color: _____

Taste: _____

_____

pH: _____
SO2:_____
Other: _____

_____

_____

*WINE NAME*
_____

Wine Style: _____  Date Started: _____

Batch Number: _____  Batch Size: _____

## Ingredients

| INGREDIENT | AMOUNT |
|---|---|
|  |  |
|  |  |
|  |  |
|  |  |

## Additives

| ADDITIVE | AMOUNT |
|---|---|
|  |  |
|  |  |
|  |  |
|  |  |

Preparation Notes:_____

_____

_____

_____

_____

_____

_____

_____

_____

## Yeast Type:

_____

_____

Original Gravity: _____ Final Gravity: _____ ABV: _____

Procedure Notes: _____

_____

_____

_____

_____

_____

Fermentation and Racking Notes: _____

_____

_____

_____

_____

Bottling Notes: _____

_____

_____

_____

## Notes on Finished Wine

Color: _____

Taste: _____

_____

pH: _____
SO2: _____
Other: _____

_____

_____

_____
*WINE NAME*

Wine Style: _____  Date Started: _____

Batch Number: _____  Batch Size: _____

## Ingredients

| INGREDIENT | AMOUNT |
|---|---|
|  |  |
|  |  |
|  |  |
|  |  |

## Additives

| ADDITIVE | AMOUNT |
|---|---|
|  |  |
|  |  |
|  |  |
|  |  |

Preparation Notes: _____

_____

_____

_____

_____

_____

_____

_____

_____

_____

## Yeast Type:

_____

_____

Original Gravity: _____ Final Gravity: _____ ABV: _____

Procedure Notes: _____
_____
_____
_____
_____
_____
_____

Fermentation and Racking Notes:_____
_____
_____
_____
_____

Bottling Notes: _____
_____
_____
_____

## Notes on Finished Wine

Color: _____

Taste: _____
_____
_____

pH: _____
SO2:_____
Other: _____
_____
_____

*WINE NAME*
_____

Wine Style: _____    Date Started: _____

Batch Number: _____    Batch Size: _____

## Ingredients

| INGREDIENT | AMOUNT |
|---|---|
|  |  |
|  |  |
|  |  |
|  |  |

## Additives

| ADDITIVE | AMOUNT |
|---|---|
|  |  |
|  |  |
|  |  |
|  |  |

Preparation Notes: _____

_____

_____

_____

_____

_____

_____

_____

_____

Yeast Type:

_____

_____

Original Gravity: _____ Final Gravity: _____ ABV: _____

Procedure Notes: _____

_____

_____

_____

_____

_____

_____

Fermentation and Racking Notes:_____

_____

_____

_____

_____

_____

Bottling Notes: _____

_____

_____

_____

_____

## Notes on Finished Wine

Color: _____

Taste: _____

_____

_____

pH: _____
SO2:_____
Other: _____

_____

_____

_____
*WINE NAME*

Wine Style: _____   Date Started: _____

Batch Number: _____   Batch Size: _____

## Ingredients

| INGREDIENT | AMOUNT |
|---|---|
|  |  |
|  |  |
|  |  |
|  |  |

## Additives

| ADDITIVE | AMOUNT |
|---|---|
|  |  |
|  |  |
|  |  |
|  |  |

Preparation Notes: _____

_____
_____
_____
_____
_____
_____
_____
_____
_____

## Yeast Type:

_____

_____

Original Gravity: _____ Final Gravity: _____ ABV: _____

Procedure Notes: _____

_____

_____

_____

_____

_____

Fermentation and Racking Notes:_____

_____

_____

_____

_____

Bottling Notes: _____

_____

_____

_____

## Notes on Finished Wine

Color: _____

Taste: _____

_____

pH: _____

SO2: _____

Other: _____

_____

_____

_____
*WINE NAME*

Wine Style: _____  Date Started: _____

Batch Number: _____  Batch Size: _____

## Ingredients

| INGREDIENT | AMOUNT |
|---|---|
|  |  |
|  |  |
|  |  |
|  |  |

## Additives

| ADDITIVE | AMOUNT |
|---|---|
|  |  |
|  |  |
|  |  |
|  |  |

Preparation Notes: _____

_____

_____

_____

_____

_____

_____

_____

_____

Yeast Type:

_____

_____

Original Gravity: _____ Final Gravity: _____ ABV: _____

Procedure Notes: _____

_____

_____

_____

_____

_____

Fermentation and Racking Notes:_____

_____

_____

_____

_____

Bottling Notes: _____

_____

_____

_____

## Notes on Finished Wine

Color: _____

Taste: _____

_____

pH: _____
SO2: _____
Other: _____

_____

_____

_____
*WINE NAME*

Wine Style: _____   Date Started: _____

Batch Number: _____   Batch Size: _____

## Ingredients

| INGREDIENT | AMOUNT |
|---|---|
|  |  |
|  |  |
|  |  |
|  |  |

## Additives

| ADDITIVE | AMOUNT |
|---|---|
|  |  |
|  |  |
|  |  |
|  |  |

Preparation Notes: _____

_____
_____
_____
_____
_____
_____
_____
_____
_____

Yeast Type:

_____

Original Gravity: _____ Final Gravity: _____ ABV: _____

Procedure Notes: _____
_____
_____
_____
_____
_____
_____

Fermentation and Racking Notes: _____
_____
_____
_____
_____
_____

Bottling Notes: _____
_____
_____
_____
_____

## Notes on Finished Wine

Color: _____

Taste: _____
_____
_____

pH: _____
SO2: _____
Other: _____
_____
_____

_____
*WINE NAME*

Wine Style: _____  Date Started: _____

Batch Number: _____  Batch Size: _____

## Ingredients

| INGREDIENT | AMOUNT |
|---|---|
|  |  |
|  |  |
|  |  |
|  |  |

## Additives

| ADDITIVE | AMOUNT |
|---|---|
|  |  |
|  |  |
|  |  |
|  |  |

Preparation Notes: _____

_____
_____
_____
_____
_____
_____
_____
_____

Yeast Type:

_____

Original Gravity: _____ Final Gravity: _____ ABV: _____

Procedure Notes: _____

_____

_____

_____

_____

_____

_____

Fermentation and Racking Notes:_____

_____

_____

_____

_____

_____

Bottling Notes: _____

_____

_____

_____

_____

## Notes on Finished Wine

Color: _____

Taste: _____

_____

_____

pH: _____
SO2:_____
Other: _____

_____

_____

_____
*WINE NAME*

Wine Style: _____     Date Started: _____

Batch Number: _____     Batch Size: _____

## Ingredients

| INGREDIENT | AMOUNT |
|---|---|
|  |  |
|  |  |
|  |  |
|  |  |

## Additives

| ADDITIVE | AMOUNT |
|---|---|
|  |  |
|  |  |
|  |  |
|  |  |

Preparation Notes: _____

_____
_____
_____
_____
_____
_____
_____
_____

Yeast Type:

_____

_____

Original Gravity: _____ Final Gravity: _____ ABV: _____

Procedure Notes: _____
_____
_____
_____
_____
_____
_____

Fermentation and Racking Notes:_____
_____
_____
_____
_____
_____

Bottling Notes: _____
_____
_____
_____
_____

**Notes on Finished Wine**

Color: _____

Taste: _____
_____
_____

pH: _____
SO2:_____
Other: _____
_____
_____

*WINE NAME*
_____

Wine Style: _____  Date Started: _____

Batch Number: _____  Batch Size: _____

## Ingredients

| INGREDIENT | AMOUNT |
|---|---|
|  |  |
|  |  |
|  |  |
|  |  |

## Additives

| ADDITIVE | AMOUNT |
|---|---|
|  |  |
|  |  |
|  |  |
|  |  |

Preparation Notes: _____

_____

_____

_____

_____

_____

_____

_____

_____

Yeast Type:

_____

_____

Original Gravity: _____ Final Gravity: _____ ABV: _____

Procedure Notes: _____

_____

_____

_____

_____

_____

Fermentation and Racking Notes:_____

_____

_____

_____

_____

Bottling Notes: _____

_____

_____

_____

**Notes on Finished Wine**

Color: _____

Taste: _____

_____

pH: _____

SO2:_____

Other: _____

_____

_____

*WINE NAME*
_____

Wine Style: _____  Date Started: _____

Batch Number: _____  Batch Size: _____

## Ingredients

| INGREDIENT | AMOUNT |
|---|---|
|  |  |
|  |  |
|  |  |
|  |  |

## Additives

| ADDITIVE | AMOUNT |
|---|---|
|  |  |
|  |  |
|  |  |
|  |  |

Preparation Notes: _____

_____

_____

_____

_____

_____

_____

_____

_____

Yeast Type:

_____

_____

Original Gravity: _____ Final Gravity: _____ ABV: _____

Procedure Notes: _____

_____
_____
_____
_____
_____
_____

Fermentation and Racking Notes:_____

_____
_____
_____
_____
_____

Bottling Notes: _____

_____
_____
_____
_____

## Notes on Finished Wine

Color: _____

Taste: _____

_____
_____

pH: _____
SO2:_____
Other: _____

_____
_____

_____
*WINE NAME*

Wine Style: _____  Date Started: _____

Batch Number: _____  Batch Size: _____

## Ingredients

| INGREDIENT | AMOUNT |
|---|---|
|  |  |
|  |  |
|  |  |
|  |  |

## Additives

| ADDITIVE | AMOUNT |
|---|---|
|  |  |
|  |  |
|  |  |
|  |  |

Preparation Notes: _____

_____

_____

_____

_____

_____

_____

_____

_____

Yeast Type:

_____

_____

Original Gravity: _____ Final Gravity: _____ ABV: _____

Procedure Notes: _____

_____

_____

_____

_____

_____

Fermentation and Racking Notes:_____

_____

_____

_____

_____

Bottling Notes: _____

_____

_____

_____

**Notes on Finished Wine**

Color: _____

Taste: _____

_____

pH: _____

$SO_2$:_____

Other: _____

_____

_____

*WINE NAME*
_____

Wine Style: _____  Date Started: _____

Batch Number: _____  Batch Size: _____

## Ingredients

| INGREDIENT | AMOUNT |
|---|---|
|  |  |
|  |  |
|  |  |
|  |  |

## Additives

| ADDITIVE | AMOUNT |
|---|---|
|  |  |
|  |  |
|  |  |
|  |  |

Preparation Notes: _____
_____
_____
_____
_____
_____
_____
_____
_____
_____

Yeast Type:
_____

_____

Original Gravity: _____ Final Gravity: _____ ABV: _____

Procedure Notes: _____
_____
_____
_____
_____
_____
_____

Fermentation and Racking Notes:_____
_____
_____
_____
_____

Bottling Notes: _____
_____
_____
_____
_____

**Notes on Finished Wine**

Color: _____

Taste: _____
_____
_____

pH: _____
SO2:_____
Other: _____
_____
_____

_____
*WINE NAME*

Wine Style: _____  Date Started: _____

Batch Number: _____  Batch Size: _____

## Ingredients

| INGREDIENT | AMOUNT |
|---|---|
|  |  |
|  |  |
|  |  |
|  |  |

## Additives

| ADDITIVE | AMOUNT |
|---|---|
|  |  |
|  |  |
|  |  |
|  |  |

Preparation Notes: _____

_____

_____

_____

_____

_____

_____

_____

_____

Yeast Type:

_____

_____

Original Gravity: _____ Final Gravity: _____ ABV: _____

Procedure Notes: _____

_____

_____

_____

_____

_____

_____

Fermentation and Racking Notes:_____

_____

_____

_____

_____

_____

Bottling Notes: _____

_____

_____

_____

_____

## Notes on Finished Wine

Color: _____

Taste: _____

_____

_____

pH: _____

SO2:_____

Other: _____

_____

_____

_WINE NAME_
_____

Wine Style: _____   Date Started: _____

Batch Number: _____   Batch Size: _____

## Ingredients

| INGREDIENT | AMOUNT |
|---|---|
|  |  |
|  |  |
|  |  |
|  |  |

## Additives

| ADDITIVE | AMOUNT |
|---|---|
|  |  |
|  |  |
|  |  |
|  |  |

Preparation Notes: _____
_____
_____
_____
_____
_____
_____
_____
_____

Yeast Type:
_____

Original Gravity: _____ Final Gravity: _____ ABV: _____

Procedure Notes: _____

_____

_____

_____

_____

_____

_____

Fermentation and Racking Notes:_____

_____

_____

_____

_____

Bottling Notes: _____

_____

_____

_____

## Notes on Finished Wine

Color: _____

Taste: _____

_____

pH: _____

SO2:_____

Other: _____

_____

_____

*WINE NAME*
_____

Wine Style: _____   Date Started: _____

Batch Number: _____   Batch Size: _____

## Ingredients

| INGREDIENT | AMOUNT |
|---|---|
|  |  |
|  |  |
|  |  |
|  |  |

## Additives

| ADDITIVE | AMOUNT |
|---|---|
|  |  |
|  |  |
|  |  |
|  |  |

Preparation Notes: _____

_____

_____

_____

_____

_____

_____

_____

_____

Yeast Type:

_____

_____

Original Gravity: _____ Final Gravity: _____ ABV: _____

Procedure Notes: _____
_____
_____
_____
_____
_____
_____

Fermentation and Racking Notes:_____
_____
_____
_____
_____
_____

Bottling Notes: _____
_____
_____
_____
_____

**Notes on Finished Wine**

Color: _____

Taste: _____
_____
_____

pH: _____
SO2:_____
Other: _____
_____
_____

*WINE NAME*
_____

Wine Style: _____   Date Started: _____

Batch Number: _____   Batch Size: _____

## Ingredients

| INGREDIENT | AMOUNT |
|---|---|
|  |  |
|  |  |
|  |  |
|  |  |

## Additives

| ADDITIVE | AMOUNT |
|---|---|
|  |  |
|  |  |
|  |  |
|  |  |

Preparation Notes: _____

_____

_____

_____

_____

_____

_____

_____

_____

Yeast Type:

_____

_____

Original Gravity: _____ Final Gravity: _____ ABV: _____

Procedure Notes: _____

_____

_____

_____

_____

_____

Fermentation and Racking Notes: _____

_____

_____

_____

_____

Bottling Notes: _____

_____

_____

_____

**Notes on Finished Wine**

Color: _____

Taste: _____

_____

pH: _____
SO2: _____
Other: _____

_____

_____

_____
*WINE NAME*

Wine Style: _____   Date Started: _____

Batch Number: _____   Batch Size: _____

## Ingredients

| INGREDIENT | AMOUNT |
|---|---|
|  |  |
|  |  |
|  |  |
|  |  |

## Additives

| ADDITIVE | AMOUNT |
|---|---|
|  |  |
|  |  |
|  |  |
|  |  |

Preparation Notes: _____
_____
_____
_____
_____
_____
_____
_____
_____

## Yeast Type:

_____
_____

Original Gravity: _____ Final Gravity: _____ ABV: _____

Procedure Notes: _____

_____
_____
_____
_____
_____
_____

Fermentation and Racking Notes:_____

_____
_____
_____
_____
_____

Bottling Notes: _____

_____
_____
_____
_____

## Notes on Finished Wine

Color: _____

Taste: _____

_____
_____

pH: _____
SO2:_____
Other: _____

_____
_____

*WINE NAME*
_____

Wine Style: _____    Date Started: _____

Batch Number: _____    Batch Size: _____

## Ingredients

| INGREDIENT | AMOUNT |
|---|---|
|  |  |
|  |  |
|  |  |
|  |  |

## Additives

| ADDITIVE | AMOUNT |
|---|---|
|  |  |
|  |  |
|  |  |
|  |  |

Preparation Notes: _____

_____

_____

_____

_____

_____

_____

_____

_____

Yeast Type:

_____

_____

Original Gravity: _____ Final Gravity: _____ ABV: _____

Procedure Notes: _____
_____
_____
_____
_____
_____
_____

Fermentation and Racking Notes:_____
_____
_____
_____
_____
_____

Bottling Notes: _____
_____
_____
_____

## Notes on Finished Wine

Color: _____

Taste: _____
_____
_____

pH: _____
SO2:_____
Other: _____
_____
_____

_____
*WINE NAME*

Wine Style: _____   Date Started: _____

Batch Number: _____   Batch Size: _____

## Ingredients

| INGREDIENT | AMOUNT |
|---|---|
|  |  |
|  |  |
|  |  |
|  |  |

## Additives

| ADDITIVE | AMOUNT |
|---|---|
|  |  |
|  |  |
|  |  |
|  |  |

Preparation Notes: _____

_____
_____
_____
_____
_____
_____
_____
_____
_____

Yeast Type:

_____

_____

Original Gravity: _____ Final Gravity: _____ ABV: _____

Procedure Notes: _____
_____
_____
_____
_____
_____
_____

Fermentation and Racking Notes: _____
_____
_____
_____
_____
_____

Bottling Notes: _____
_____
_____
_____
_____

**Notes on Finished Wine**

Color: _____

Taste: _____
_____
_____

pH: _____
SO2: _____
Other: _____
_____
_____

*WINE NAME*
_____

Wine Style: _____   Date Started: _____

Batch Number: _____   Batch Size: _____

## Ingredients

| INGREDIENT | AMOUNT |
|---|---|
|  |  |
|  |  |
|  |  |
|  |  |

## Additives

| ADDITIVE | AMOUNT |
|---|---|
|  |  |
|  |  |
|  |  |
|  |  |

Preparation Notes: _____

_____

_____

_____

_____

_____

_____

_____

_____

## Yeast Type:

_____

_____

Original Gravity: _____ Final Gravity: _____ ABV: _____

Procedure Notes: _____

_____

_____

_____

_____

_____

_____

Fermentation and Racking Notes:_____

_____

_____

_____

_____

_____

Bottling Notes: _____

_____

_____

_____

_____

## Notes on Finished Wine

Color: _____

Taste: _____

_____

_____

pH: _____
$SO_2$:_____
Other: _____

_____

_____

_____
*WINE NAME*

Wine Style: _____  Date Started: _____

Batch Number: _____  Batch Size: _____

## Ingredients

| INGREDIENT | AMOUNT |
|---|---|
|  |  |
|  |  |
|  |  |
|  |  |

## Additives

| ADDITIVE | AMOUNT |
|---|---|
|  |  |
|  |  |
|  |  |
|  |  |

Preparation Notes:_____

_____
_____
_____
_____
_____
_____
_____
_____

Yeast Type:

_____

Original Gravity: _____ Final Gravity: _____ ABV: _____

Procedure Notes: _____

_____
_____
_____
_____
_____
_____

Fermentation and Racking Notes:_____

_____
_____
_____
_____
_____

Bottling Notes: _____

_____
_____
_____
_____

**Notes on Finished Wine**

Color: _____

Taste: _____

_____
_____

pH: _____
SO2:_____
Other: _____

_____
_____

_____
*WINE NAME*

Wine Style: _____  Date Started: _____

Batch Number: _____  Batch Size: _____

## Ingredients

| INGREDIENT | AMOUNT |
|---|---|
|  |  |
|  |  |
|  |  |
|  |  |

## Additives

| ADDITIVE | AMOUNT |
|---|---|
|  |  |
|  |  |
|  |  |
|  |  |

Preparation Notes:_____

_____
_____
_____
_____
_____
_____
_____
_____
_____

## Yeast Type:

_____

Original Gravity: _____ Final Gravity: _____ ABV: _____

Procedure Notes: _____
_____
_____
_____
_____
_____
_____

Fermentation and Racking Notes:_____
_____
_____
_____
_____
_____

Bottling Notes: _____
_____
_____
_____
_____

**Notes on Finished Wine**

Color: _____

Taste: _____
_____
_____

pH: _____
SO2:_____
Other: _____
_____
_____

_____
*WINE NAME*

Wine Style: _____    Date Started: _____

Batch Number: _____    Batch Size: _____

## Ingredients

| INGREDIENT | AMOUNT |
|---|---|
|  |  |
|  |  |
|  |  |
|  |  |

## Additives

| ADDITIVE | AMOUNT |
|---|---|
|  |  |
|  |  |
|  |  |
|  |  |

Preparation Notes: _____

_____
_____
_____
_____
_____
_____
_____
_____

## Yeast Type:

_____

_____

Original Gravity: _____ Final Gravity: _____ ABV: _____

Procedure Notes: _____
_____
_____
_____
_____
_____
_____

Fermentation and Racking Notes:_____
_____
_____
_____
_____
_____

Bottling Notes: _____
_____
_____
_____
_____

## Notes on Finished Wine

Color: _____

Taste: _____
_____
_____

pH: _____
SO2:_____
Other: _____
_____
_____

_____
*WINE NAME*

Wine Style: _____    Date Started: _____

Batch Number: _____    Batch Size: _____

## Ingredients

| INGREDIENT | AMOUNT |
|---|---|
|  |  |
|  |  |
|  |  |
|  |  |

## Additives

| ADDITIVE | AMOUNT |
|---|---|
|  |  |
|  |  |
|  |  |
|  |  |

Preparation Notes: _____

_____
_____
_____
_____
_____
_____
_____
_____

Yeast Type:

_____

_____

Original Gravity: _____ Final Gravity: _____ ABV: _____
Procedure Notes: _____
_____
_____
_____
_____
_____
_____

Fermentation and Racking Notes:_____
_____
_____
_____
_____
_____

Bottling Notes: _____
_____
_____
_____
_____

## Notes on Finished Wine

Color: _____
Taste: _____
_____
_____
pH: _____
SO2:_____
Other: _____
_____
_____

_____
*WINE NAME*

Wine Style: _____    Date Started: _____

Batch Number: _____    Batch Size: _____

## Ingredients

| INGREDIENT | AMOUNT |
|---|---|
|  |  |
|  |  |
|  |  |
|  |  |

## Additives

| ADDITIVE | AMOUNT |
|---|---|
|  |  |
|  |  |
|  |  |
|  |  |

Preparation Notes: _____

_____
_____
_____
_____
_____
_____
_____
_____

Yeast Type:

_____
_____

Original Gravity: _____ Final Gravity: _____ ABV: _____

Procedure Notes: _____
_____
_____
_____
_____
_____
_____

Fermentation and Racking Notes:_____
_____
_____
_____
_____

Bottling Notes: _____
_____
_____
_____
_____

**Notes on Finished Wine**

Color: _____

Taste: _____
_____
_____

pH: _____
SO2:_____
Other: _____
_____
_____

_____
*WINE NAME*

Wine Style: _____   Date Started: _____

Batch Number: _____   Batch Size: _____

## Ingredients

| INGREDIENT | AMOUNT |
|---|---|
|  |  |
|  |  |
|  |  |
|  |  |

## Additives

| ADDITIVE | AMOUNT |
|---|---|
|  |  |
|  |  |
|  |  |
|  |  |

Preparation Notes: _____

_____

_____

_____

_____

_____

_____

_____

_____

Yeast Type:

_____

_____

Original Gravity: _____ Final Gravity: _____ ABV: _____

Procedure Notes: _____
_____
_____
_____
_____
_____
_____

Fermentation and Racking Notes:_____
_____
_____
_____
_____
_____

Bottling Notes: _____
_____
_____
_____
_____

**Notes on Finished Wine**

Color: _____

Taste: _____
_____
_____

pH: _____
$SO_2$:_____
Other: _____
_____
_____

_____
*WINE NAME*

Wine Style: _____  Date Started: _____

Batch Number: _____  Batch Size: _____

## Ingredients

| INGREDIENT | AMOUNT |
|---|---|
|  |  |
|  |  |
|  |  |
|  |  |

## Additives

| ADDITIVE | AMOUNT |
|---|---|
|  |  |
|  |  |
|  |  |
|  |  |

Preparation Notes: _____

_____
_____
_____
_____
_____
_____
_____
_____
_____

Yeast Type:

_____
_____

Original Gravity: _____ Final Gravity: _____ ABV: _____

Procedure Notes: _____

_____
_____
_____
_____
_____
_____

Fermentation and Racking Notes: _____

_____
_____
_____
_____
_____

Bottling Notes: _____

_____
_____
_____
_____

## Notes on Finished Wine

Color: _____

Taste: _____

_____
_____

pH: _____
SO2: _____
Other: _____

_____
_____

_____
*WINE NAME*

Wine Style: _____   Date Started: _____

Batch Number: _____   Batch Size: _____

## Ingredients

| INGREDIENT | AMOUNT |
|---|---|
|  |  |
|  |  |
|  |  |
|  |  |

## Additives

| ADDITIVE | AMOUNT |
|---|---|
|  |  |
|  |  |
|  |  |
|  |  |

Preparation Notes: _____

_____
_____
_____
_____
_____
_____
_____
_____

Yeast Type:

_____

Original Gravity: _____ Final Gravity: _____ ABV: _____

Procedure Notes: _____

_____

_____

_____

_____

_____

Fermentation and Racking Notes:_____

_____

_____

_____

_____

Bottling Notes: _____

_____

_____

_____

**Notes on Finished Wine**

Color: _____

Taste: _____

_____

pH: _____

SO2:_____

Other: _____

_____

_____

_____
*WINE NAME*

Wine Style: _____    Date Started: _____

Batch Number: _____    Batch Size: _____

## Ingredients

| INGREDIENT | AMOUNT |
|---|---|
|  |  |
|  |  |
|  |  |
|  |  |

## Additives

| ADDITIVE | AMOUNT |
|---|---|
|  |  |
|  |  |
|  |  |
|  |  |

Preparation Notes: _____

_____

_____

_____

_____

_____

_____

_____

_____

Yeast Type:

_____

Original Gravity: _____ Final Gravity: _____ ABV: _____

Procedure Notes: _____
_____
_____
_____
_____
_____
_____

Fermentation and Racking Notes:_____
_____
_____
_____
_____
_____

Bottling Notes: _____
_____
_____
_____
_____

## Notes on Finished Wine

Color: _____

Taste: _____
_____
_____

pH: _____
SO2:_____
Other: _____
_____
_____

_____
*WINE NAME*

Wine Style: _____  Date Started: _____

Batch Number: _____  Batch Size: _____

## Ingredients

| INGREDIENT | AMOUNT |
|---|---|
|  |  |
|  |  |
|  |  |
|  |  |

## Additives

| ADDITIVE | AMOUNT |
|---|---|
|  |  |
|  |  |
|  |  |
|  |  |

Preparation Notes: _____
_____
_____
_____
_____
_____
_____
_____
_____
_____

Yeast Type:

_____

Original Gravity: _____ Final Gravity: _____ ABV: _____

Procedure Notes: _____

_____

_____

_____

_____

_____

Fermentation and Racking Notes:_____

_____

_____

_____

_____

Bottling Notes: _____

_____

_____

_____

## Notes on Finished Wine

Color: _____

Taste: _____

_____

_____

pH: _____
SO2:_____
Other: _____

_____

_____

_WINE NAME_
_____

Wine Style: _____  Date Started: _____

Batch Number: _____  Batch Size: _____

## Ingredients

| INGREDIENT | AMOUNT |
|---|---|
|  |  |
|  |  |
|  |  |
|  |  |

## Additives

| ADDITIVE | AMOUNT |
|---|---|
|  |  |
|  |  |
|  |  |
|  |  |

Preparation Notes: _____
_____
_____
_____
_____
_____
_____
_____
_____

## Yeast Type:

_____

_____

Original Gravity: _____ Final Gravity: _____ ABV: _____
Procedure Notes: _____
_____
_____
_____
_____
_____

Fermentation and Racking Notes:_____
_____
_____
_____
_____

Bottling Notes: _____
_____
_____
_____

**Notes on Finished Wine**

Color: _____
Taste: _____
_____
_____
pH: _____
$SO_2$:_____
Other: _____
_____
_____

_____
*WINE NAME*

Wine Style: _____   Date Started: _____

Batch Number: _____   Batch Size: _____

## Ingredients

| INGREDIENT | AMOUNT |
|---|---|
|  |  |
|  |  |
|  |  |
|  |  |

## Additives

| ADDITIVE | AMOUNT |
|---|---|
|  |  |
|  |  |
|  |  |
|  |  |

Preparation Notes: _____

_____

_____

_____

_____

_____

_____

_____

_____

Yeast Type:

_____

_____

Original Gravity: _____ Final Gravity: _____ ABV: _____

Procedure Notes: _____
_____
_____
_____
_____
_____
_____

Fermentation and Racking Notes:_____
_____
_____
_____
_____

Bottling Notes: _____
_____
_____
_____

**Notes on Finished Wine**

Color: _____

Taste: _____
_____

pH: _____
SO2:_____
Other: _____
_____
_____

*WINE NAME*
_____

Wine Style: _____  Date Started: _____

Batch Number: _____  Batch Size: _____

## Ingredients

| INGREDIENT | AMOUNT |
|---|---|
|  |  |
|  |  |
|  |  |
|  |  |

## Additives

| ADDITIVE | AMOUNT |
|---|---|
|  |  |
|  |  |
|  |  |
|  |  |

Preparation Notes: _____
_____
_____
_____
_____
_____
_____
_____
_____

Yeast Type:
_____
_____

Original Gravity: _____ Final Gravity: _____ ABV: _____
Procedure Notes: _____
_____
_____
_____
_____
_____

Fermentation and Racking Notes:_____
_____
_____
_____
_____

Bottling Notes: _____
_____
_____
_____

**Notes on Finished Wine**

Color: _____
Taste: _____
_____
pH: _____
SO2:_____
Other: _____
_____
_____

_____
*WINE NAME*

Wine Style: _____    Date Started: _____

Batch Number: _____    Batch Size: _____

## Ingredients

| INGREDIENT | AMOUNT |
|---|---|
|  |  |
|  |  |
|  |  |
|  |  |

## Additives

| ADDITIVE | AMOUNT |
|---|---|
|  |  |
|  |  |
|  |  |
|  |  |

Preparation Notes: _____
_____
_____
_____
_____
_____
_____
_____
_____

Yeast Type:

_____

Original Gravity: _____ Final Gravity: _____ ABV: _____

Procedure Notes: _____

_____

_____

_____

_____

_____

_____

Fermentation and Racking Notes:_____

_____

_____

_____

_____

_____

Bottling Notes: _____

_____

_____

_____

_____

**Notes on Finished Wine**

Color: _____

Taste: _____

_____

_____

pH: _____
SO2:_____
Other: _____

_____

_____

_____
*WINE NAME*

Wine Style: _____   Date Started: _____

Batch Number: _____   Batch Size: _____

## Ingredients

| INGREDIENT | AMOUNT |
|---|---|
|  |  |
|  |  |
|  |  |
|  |  |

## Additives

| ADDITIVE | AMOUNT |
|---|---|
|  |  |
|  |  |
|  |  |
|  |  |

Preparation Notes: _____

_____

_____

_____

_____

_____

_____

_____

_____

_____

Yeast Type:

_____

_____

Original Gravity: _____ Final Gravity: _____ ABV: _____

Procedure Notes: _____

_____

_____

_____

_____

_____

_____

Fermentation and Racking Notes:_____

_____

_____

_____

_____

Bottling Notes: _____

_____

_____

_____

**Notes on Finished Wine**

Color: _____

Taste: _____

_____

_____

pH: _____

SO2:_____

Other: _____

_____

_____

_____
*WINE NAME*

Wine Style: _____   Date Started: _____

Batch Number: _____   Batch Size: _____

## Ingredients

| INGREDIENT | AMOUNT |
|---|---|
|  |  |
|  |  |
|  |  |
|  |  |

## Additives

| ADDITIVE | AMOUNT |
|---|---|
|  |  |
|  |  |
|  |  |
|  |  |

Preparation Notes: _____

_____

_____

_____

_____

_____

_____

_____

_____

Yeast Type:

_____

_____

Original Gravity: _____ Final Gravity: _____ ABV: _____

Procedure Notes: _____
_____
_____
_____
_____
_____

Fermentation and Racking Notes: _____
_____
_____
_____
_____

Bottling Notes: _____
_____
_____
_____

**Notes on Finished Wine**

Color: _____
Taste: _____
_____
pH: _____
SO2: _____
Other: _____
_____
_____

_____
*WINE NAME*

Wine Style: _____   Date Started: _____

Batch Number: _____   Batch Size: _____

## Ingredients

| INGREDIENT | AMOUNT |
|---|---|
|  |  |
|  |  |
|  |  |
|  |  |

## Additives

| ADDITIVE | AMOUNT |
|---|---|
|  |  |
|  |  |
|  |  |
|  |  |

Preparation Notes: _____
_____
_____
_____
_____
_____
_____
_____
_____

Yeast Type:
_____
_____

Original Gravity: _____ Final Gravity: _____ ABV: _____

Procedure Notes: _____
_____
_____
_____
_____
_____
_____

Fermentation and Racking Notes:_____
_____
_____
_____
_____
_____

Bottling Notes: _____
_____
_____
_____
_____

**Notes on Finished Wine**

Color: _____

Taste: _____
_____
_____

pH: _____
SO2:_____
Other: _____
_____
_____

*WINE NAME*

Wine Style: _____  Date Started: _____

Batch Number: _____  Batch Size: _____

## Ingredients

| INGREDIENT | AMOUNT |
|---|---|
|  |  |
|  |  |
|  |  |
|  |  |

## Additives

| ADDITIVE | AMOUNT |
|---|---|
|  |  |
|  |  |
|  |  |
|  |  |

Preparation Notes:_____

_____
_____
_____
_____
_____
_____
_____
_____
_____

Yeast Type:

_____
_____

Original Gravity: _____ Final Gravity: _____ ABV: _____

Procedure Notes: _____
_____
_____
_____
_____
_____
_____

Fermentation and Racking Notes:_____
_____
_____
_____
_____
_____

Bottling Notes: _____
_____
_____
_____
_____

**Notes on Finished Wine**

Color: _____

Taste: _____
_____
_____

pH: _____
SO2:_____
Other: _____
_____
_____

_WINE NAME_

Wine Style: _____  Date Started: _____

Batch Number: _____  Batch Size: _____

## Ingredients

| INGREDIENT | AMOUNT |
|---|---|
|  |  |
|  |  |
|  |  |
|  |  |

## Additives

| ADDITIVE | AMOUNT |
|---|---|
|  |  |
|  |  |
|  |  |
|  |  |

Preparation Notes: _____

_____
_____
_____
_____
_____
_____
_____
_____

## Yeast Type:

_____

_____

Original Gravity: _____ Final Gravity: _____ ABV: _____

Procedure Notes: _____

_____
_____
_____
_____
_____
_____

Fermentation and Racking Notes:_____

_____
_____
_____
_____
_____

Bottling Notes: _____

_____
_____
_____
_____

**Notes on Finished Wine**

Color: _____

Taste: _____

_____
_____

pH: _____
SO2:_____
Other: _____

_____
_____

_____
*WINE NAME*

Wine Style: _____  Date Started: _____

Batch Number: _____  Batch Size: _____

## Ingredients

| INGREDIENT | AMOUNT |
|---|---|
|  |  |
|  |  |
|  |  |
|  |  |

## Additives

| ADDITIVE | AMOUNT |
|---|---|
|  |  |
|  |  |
|  |  |
|  |  |

Preparation Notes:_____
_____
_____
_____
_____
_____
_____
_____
_____
_____

Yeast Type:

_____

_____

Original Gravity: _____ Final Gravity: _____ ABV: _____

Procedure Notes: _____
_____
_____
_____
_____
_____
_____

Fermentation and Racking Notes:_____
_____
_____
_____
_____
_____

Bottling Notes: _____
_____
_____
_____
_____

**Notes on Finished Wine**

Color: _____

Taste: _____
_____
_____

pH: _____
SO2:_____
Other: _____
_____
_____

_____
*WINE NAME*

Wine Style: _____    Date Started: _____

Batch Number: _____    Batch Size: _____

## Ingredients

| INGREDIENT | AMOUNT |
|---|---|
|  |  |
|  |  |
|  |  |
|  |  |

## Additives

| ADDITIVE | AMOUNT |
|---|---|
|  |  |
|  |  |
|  |  |
|  |  |

Preparation Notes: _____

_____
_____
_____
_____
_____
_____
_____
_____
_____

## Yeast Type:

_____
_____

Original Gravity: _____ Final Gravity: _____ ABV: _____
Procedure Notes: _____
_____
_____
_____
_____
_____
_____

Fermentation and Racking Notes:_____
_____
_____
_____
_____
_____

Bottling Notes: _____
_____
_____
_____
_____

## Notes on Finished Wine

Color: _____
Taste: _____
_____
_____
pH: _____
SO2:_____
Other: _____
_____
_____

_WINE NAME_
_____

Wine Style: _____  Date Started: _____

Batch Number: _____  Batch Size: _____

## Ingredients

| INGREDIENT | AMOUNT |
|---|---|
|  |  |
|  |  |
|  |  |
|  |  |

## Additives

| ADDITIVE | AMOUNT |
|---|---|
|  |  |
|  |  |
|  |  |
|  |  |

Preparation Notes: _____
_____
_____
_____
_____
_____
_____
_____
_____

## Yeast Type:

_____

Original Gravity: _____ Final Gravity: _____ ABV: _____

Procedure Notes: _____
_____
_____
_____
_____
_____
_____

Fermentation and Racking Notes:_____
_____
_____
_____
_____
_____

Bottling Notes: _____
_____
_____
_____
_____

### Notes on Finished Wine

Color: _____

Taste: _____
_____
_____

pH: _____
SO2:_____
Other: _____
_____
_____

_____
*WINE NAME*

Wine Style: _____   Date Started: _____

Batch Number: _____   Batch Size: _____

## Ingredients

| INGREDIENT | AMOUNT |
|---|---|
|  |  |
|  |  |
|  |  |
|  |  |

## Additives

| ADDITIVE | AMOUNT |
|---|---|
|  |  |
|  |  |
|  |  |
|  |  |

Preparation Notes: _____
_____
_____
_____
_____
_____
_____
_____
_____

Yeast Type:
_____
_____

Original Gravity: _____ Final Gravity: _____ ABV: _____

Procedure Notes: _____
_____
_____
_____
_____
_____
_____

Fermentation and Racking Notes: _____
_____
_____
_____
_____
_____

Bottling Notes: _____
_____
_____
_____
_____

**Notes on Finished Wine**

Color: _____

Taste: _____
_____

pH: _____
SO2: _____
Other: _____
_____
_____

_____
*WINE NAME*

Wine Style: _____   Date Started: _____

Batch Number: _____   Batch Size: _____

## Ingredients

| INGREDIENT | AMOUNT |
|---|---|
|  |  |
|  |  |
|  |  |
|  |  |

## Additives

| ADDITIVE | AMOUNT |
|---|---|
|  |  |
|  |  |
|  |  |
|  |  |

Preparation Notes: _____
_____
_____
_____
_____
_____
_____
_____
_____
_____

## Yeast Type:

_____

Original Gravity: _____ Final Gravity: _____ ABV: _____
Procedure Notes: _____
_____
_____
_____
_____
_____
_____

Fermentation and Racking Notes:_____
_____
_____
_____
_____
_____

Bottling Notes: _____
_____
_____
_____
_____

**Notes on Finished Wine**

Color: _____
Taste: _____
_____
_____
pH: _____
SO2:_____
Other: _____
_____
_____

_____
*WINE NAME*

Wine Style: _____  Date Started: _____

Batch Number: _____  Batch Size: _____

## Ingredients

| INGREDIENT | AMOUNT |
|---|---|
|  |  |
|  |  |
|  |  |
|  |  |

## Additives

| ADDITIVE | AMOUNT |
|---|---|
|  |  |
|  |  |
|  |  |
|  |  |

Preparation Notes:_____
_____
_____
_____
_____
_____
_____
_____
_____

## Yeast Type:

_____
_____

Original Gravity: _____ Final Gravity: _____ ABV: _____

Procedure Notes: _____
_____
_____
_____
_____
_____
_____

Fermentation and Racking Notes:_____
_____
_____
_____
_____
_____

Bottling Notes: _____
_____
_____
_____
_____

## Notes on Finished Wine

Color: _____

Taste: _____
_____
_____

pH: _____
SO2:_____
Other: _____
_____
_____

_____
*WINE NAME*

Wine Style: _____   Date Started: _____

Batch Number: _____   Batch Size: _____

## Ingredients

| INGREDIENT | AMOUNT |
|---|---|
|  |  |
|  |  |
|  |  |
|  |  |

## Additives

| ADDITIVE | AMOUNT |
|---|---|
|  |  |
|  |  |
|  |  |
|  |  |

Preparation Notes:_____
_____
_____
_____
_____
_____
_____
_____
_____
_____

## Yeast Type:

_____
_____

Original Gravity: _____ Final Gravity: _____ ABV: _____

Procedure Notes: _____
_____
_____
_____
_____
_____
_____

Fermentation and Racking Notes:_____
_____
_____
_____
_____

Bottling Notes: _____
_____
_____
_____

**Notes on Finished Wine**

Color: _____

Taste: _____
_____

pH: _____
SO2:_____
Other: _____
_____
_____

_____
*WINE NAME*

Wine Style: _____   Date Started: _____

Batch Number: _____   Batch Size: _____

## Ingredients

| INGREDIENT | AMOUNT |
|---|---|
|  |  |
|  |  |
|  |  |
|  |  |

## Additives

| ADDITIVE | AMOUNT |
|---|---|
|  |  |
|  |  |
|  |  |
|  |  |

Preparation Notes: _____

_____

_____

_____

_____

_____

_____

_____

_____

Yeast Type:

_____

_____

Original Gravity: _____ Final Gravity: _____ ABV: _____

Procedure Notes: _____
_____
_____
_____
_____
_____
_____

Fermentation and Racking Notes: _____
_____
_____
_____
_____
_____

Bottling Notes: _____
_____
_____
_____
_____

**Notes on Finished Wine**

Color: _____

Taste: _____
_____
_____

pH: _____
SO2: _____
Other: _____
_____
_____

_____
*WINE NAME*

Wine Style: _____ Date Started: _____

Batch Number: _____ Batch Size: _____

## Ingredients

| INGREDIENT | AMOUNT |
|---|---|
|  |  |
|  |  |
|  |  |
|  |  |

## Additives

| ADDITIVE | AMOUNT |
|---|---|
|  |  |
|  |  |
|  |  |
|  |  |

Preparation Notes:_____
_____
_____
_____
_____
_____
_____
_____
_____
_____

## Yeast Type:

_____

_____

Original Gravity: _____ Final Gravity: _____ ABV: _____

Procedure Notes: _____
_____
_____
_____
_____
_____
_____

Fermentation and Racking Notes:_____
_____
_____
_____
_____

Bottling Notes: _____
_____
_____
_____

**Notes on Finished Wine**

Color: _____
Taste: _____
_____
pH: _____
SO2:_____
Other: _____
_____
_____

_____
*WINE NAME*

Wine Style: _____  Date Started: _____

Batch Number: _____  Batch Size: _____

## Ingredients

| INGREDIENT | AMOUNT |
|---|---|
|  |  |
|  |  |
|  |  |
|  |  |

## Additives

| ADDITIVE | AMOUNT |
|---|---|
|  |  |
|  |  |
|  |  |
|  |  |

Preparation Notes: _____

_____

_____

_____

_____

_____

_____

_____

_____

_____

## Yeast Type:

_____

_____

Original Gravity: _____ Final Gravity: _____ ABV: _____
Procedure Notes: _____
_____
_____
_____
_____
_____
_____

Fermentation and Racking Notes:_____
_____
_____
_____
_____
_____

Bottling Notes: _____
_____
_____
_____
_____

**Notes on Finished Wine**

Color: _____
Taste: _____
_____
_____
pH: _____
SO2:_____
Other: _____
_____
_____

*WINE NAME*

Wine Style: _____　　Date Started: _____

Batch Number: _____　　Batch Size: _____

## Ingredients

| INGREDIENT | AMOUNT |
|---|---|
|  |  |
|  |  |
|  |  |
|  |  |

## Additives

| ADDITIVE | AMOUNT |
|---|---|
|  |  |
|  |  |
|  |  |
|  |  |

Preparation Notes: _____
_____
_____
_____
_____
_____
_____
_____
_____
_____

## Yeast Type:

_____

Original Gravity: _____ Final Gravity: _____ ABV: _____

Procedure Notes: _____
_____
_____
_____
_____
_____
_____

Fermentation and Racking Notes:_____
_____
_____
_____
_____
_____

Bottling Notes: _____
_____
_____
_____
_____

## Notes on Finished Wine

Color: _____

Taste: _____
_____
_____

pH: _____
SO2:_____
Other: _____
_____
_____

*WINE NAME*

Wine Style: _____  Date Started: _____

Batch Number: _____  Batch Size: _____

## Ingredients

| INGREDIENT | AMOUNT |
|---|---|
|  |  |
|  |  |
|  |  |
|  |  |

## Additives

| ADDITIVE | AMOUNT |
|---|---|
|  |  |
|  |  |
|  |  |
|  |  |

Preparation Notes:_____

_____
_____
_____
_____
_____
_____
_____
_____

Yeast Type:

_____
_____

Original Gravity: _____ Final Gravity: _____ ABV: _____
Procedure Notes: _____
_____
_____
_____
_____
_____
_____

Fermentation and Racking Notes:_____
_____
_____
_____
_____
_____

Bottling Notes: _____
_____
_____
_____

**Notes on Finished Wine**

Color: _____
Taste: _____
_____
pH: _____
SO2:_____
Other: _____
_____
_____

_WINE NAME_

Wine Style: _____   Date Started: _____

Batch Number: _____   Batch Size: _____

## Ingredients

| INGREDIENT | AMOUNT |
|---|---|
|  |  |
|  |  |
|  |  |
|  |  |

## Additives

| ADDITIVE | AMOUNT |
|---|---|
|  |  |
|  |  |
|  |  |
|  |  |

Preparation Notes: _____

_____

_____

_____

_____

_____

_____

_____

_____

_____

## Yeast Type:

_____

Original Gravity: _____ Final Gravity: _____ ABV: _____

Procedure Notes: _____

_____

_____

_____

_____

_____

Fermentation and Racking Notes:_____

_____

_____

_____

_____

Bottling Notes: _____

_____

_____

_____

## Notes on Finished Wine

Color: _____

Taste: _____

_____

pH: _____
$SO_2$:_____
Other: _____

_____

_____

_____
*WINE NAME*

Wine Style: _____   Date Started: _____

Batch Number: _____   Batch Size: _____

## Ingredients

| INGREDIENT | AMOUNT |
|---|---|
|  |  |
|  |  |
|  |  |
|  |  |

## Additives

| ADDITIVE | AMOUNT |
|---|---|
|  |  |
|  |  |
|  |  |
|  |  |

Preparation Notes: _____
_____
_____
_____
_____
_____
_____
_____
_____
_____

## Yeast Type:

_____
_____

Original Gravity: _____ Final Gravity: _____ ABV: _____

Procedure Notes: _____
_____
_____
_____
_____
_____
_____

Fermentation and Racking Notes:_____
_____
_____
_____
_____
_____

Bottling Notes: _____
_____
_____
_____
_____

**Notes on Finished Wine**

Color: _____

Taste: _____
_____
_____

pH: _____
SO2:_____
Other: _____
_____
_____

*WINE NAME*

Wine Style: _____   Date Started: _____

Batch Number: _____   Batch Size: _____

## Ingredients

| INGREDIENT | AMOUNT |
|---|---|
|  |  |
|  |  |
|  |  |
|  |  |

## Additives

| ADDITIVE | AMOUNT |
|---|---|
|  |  |
|  |  |
|  |  |
|  |  |

Preparation Notes: _____
_____
_____
_____
_____
_____
_____
_____
_____

Yeast Type:
_____

Original Gravity: _____ Final Gravity: _____ ABV: _____
Procedure Notes: _____
_____
_____
_____
_____
_____
_____

Fermentation and Racking Notes:_____
_____
_____
_____
_____
_____

Bottling Notes: _____
_____
_____
_____

**Notes on Finished Wine**

Color: _____
Taste: _____
_____
_____
pH: _____
SO2:_____
Other: _____
_____
_____

_____
*WINE NAME*

Wine Style: _____    Date Started: _____

Batch Number: _____    Batch Size: _____

## Ingredients

| INGREDIENT | AMOUNT |
|---|---|
|  |  |
|  |  |
|  |  |
|  |  |

## Additives

| ADDITIVE | AMOUNT |
|---|---|
|  |  |
|  |  |
|  |  |
|  |  |

Preparation Notes: _____
_____
_____
_____
_____
_____
_____
_____
_____

Yeast Type:
_____
_____

Original Gravity: _____ Final Gravity: _____ ABV: _____

Procedure Notes: _____
_____
_____
_____
_____
_____
_____

Fermentation and Racking Notes:_____
_____
_____
_____
_____

Bottling Notes: _____
_____
_____
_____

**Notes on Finished Wine**

Color: _____
Taste: _____
_____

pH: _____
SO2: _____
Other: _____
_____
_____

_____
*WINE NAME*

Wine Style: _____   Date Started: _____
Batch Number: _____   Batch Size: _____

## Ingredients

| INGREDIENT | AMOUNT |
|---|---|
|  |  |
|  |  |
|  |  |
|  |  |

## Additives

| ADDITIVE | AMOUNT |
|---|---|
|  |  |
|  |  |
|  |  |
|  |  |

Preparation Notes: _____
_____
_____
_____
_____
_____
_____
_____
_____

## Yeast Type:

_____
_____

Original Gravity: _____ Final Gravity: _____ ABV: _____

Procedure Notes: _____

_____

_____

_____

_____

_____

Fermentation and Racking Notes:_____

_____

_____

_____

_____

Bottling Notes: _____

_____

_____

_____

**Notes on Finished Wine**

Color: _____

Taste: _____

_____

pH: _____

SO2:_____

Other: _____

_____

_____

_____
*WINE NAME*

Wine Style: _____    Date Started: _____

Batch Number: _____    Batch Size: _____

## Ingredients

| INGREDIENT | AMOUNT |
|---|---|
|  |  |
|  |  |
|  |  |
|  |  |

## Additives

| ADDITIVE | AMOUNT |
|---|---|
|  |  |
|  |  |
|  |  |
|  |  |

Preparation Notes: _____
_____
_____
_____
_____
_____
_____
_____
_____

Yeast Type:
_____
_____

Original Gravity: _____ Final Gravity: _____ ABV: _____

Procedure Notes: _____

_____
_____
_____
_____
_____
_____

Fermentation and Racking Notes:_____

_____
_____
_____
_____
_____

Bottling Notes: _____

_____
_____
_____
_____

**Notes on Finished Wine**

Color: _____

Taste: _____

_____
_____

pH: _____
SO2:_____
Other: _____

_____
_____

_____
*WINE NAME*

Wine Style: _____   Date Started: _____

Batch Number: _____   Batch Size: _____

## Ingredients

| INGREDIENT | AMOUNT |
|---|---|
|  |  |
|  |  |
|  |  |
|  |  |

## Additives

| ADDITIVE | AMOUNT |
|---|---|
|  |  |
|  |  |
|  |  |
|  |  |

Preparation Notes: _____
_____
_____
_____
_____
_____
_____
_____
_____

## Yeast Type:

_____

Original Gravity: _____ Final Gravity: _____ ABV: _____

Procedure Notes: _____

_____

_____

_____

_____

_____

_____

Fermentation and Racking Notes:_____

_____

_____

_____

_____

_____

Bottling Notes: _____

_____

_____

_____

_____

**Notes on Finished Wine**

Color: _____

Taste: _____

_____

_____

pH: _____
SO2:_____
Other: _____

_____

_____

_____
*WINE NAME*

Wine Style: _____   Date Started: _____

Batch Number: _____   Batch Size: _____

## Ingredients

| INGREDIENT | AMOUNT |
|---|---|
|  |  |
|  |  |
|  |  |
|  |  |

## Additives

| ADDITIVE | AMOUNT |
|---|---|
|  |  |
|  |  |
|  |  |
|  |  |

Preparation Notes: _____

_____

_____

_____

_____

_____

_____

_____

_____

_____

Yeast Type:

_____

Original Gravity: _____ Final Gravity: _____ ABV: _____
Procedure Notes: _____
_____
_____
_____
_____
_____
_____

Fermentation and Racking Notes:_____
_____
_____
_____
_____
_____

Bottling Notes: _____
_____
_____
_____
_____

**Notes on Finished Wine**

Color: _____
Taste: _____
_____
_____
pH: _____
SO2:_____
Other: _____
_____
_____

_____
*WINE NAME*

Wine Style: _____  Date Started: _____

Batch Number: _____  Batch Size: _____

## Ingredients

| INGREDIENT | AMOUNT |
|---|---|
|  |  |
|  |  |
|  |  |
|  |  |

## Additives

| ADDITIVE | AMOUNT |
|---|---|
|  |  |
|  |  |
|  |  |
|  |  |

Preparation Notes: _____
_____
_____
_____
_____
_____
_____
_____
_____
_____

Yeast Type:
_____

_____

Original Gravity: _____ Final Gravity: _____ ABV: _____

Procedure Notes: _____
_____
_____
_____
_____
_____

Fermentation and Racking Notes:_____
_____
_____
_____
_____

Bottling Notes: _____
_____
_____
_____

## Notes on Finished Wine

Color: _____
Taste: _____
_____

pH: _____
SO2:_____
Other: _____
_____
_____

_____
*WINE NAME*

Wine Style: _____   Date Started: _____
Batch Number: _____   Batch Size: _____

## Ingredients

| INGREDIENT | AMOUNT |
|---|---|
|  |  |
|  |  |
|  |  |
|  |  |

## Additives

| ADDITIVE | AMOUNT |
|---|---|
|  |  |
|  |  |
|  |  |
|  |  |

Preparation Notes: _____
_____
_____
_____
_____
_____
_____
_____
_____
_____

## Yeast Type:

_____
_____

Original Gravity: _____ Final Gravity: _____ ABV: _____

Procedure Notes: _____
_____
_____
_____
_____
_____
_____

Fermentation and Racking Notes:_____
_____
_____
_____
_____
_____

Bottling Notes: _____
_____
_____
_____
_____

**Notes on Finished Wine**

Color: _____

Taste: _____
_____
_____

pH: _____
$SO_2$:_____
Other: _____
_____
_____

_____
*WINE NAME*

Wine Style: _____    Date Started: _____

Batch Number: _____    Batch Size: _____

## Ingredients

| INGREDIENT | AMOUNT |
|---|---|
|  |  |
|  |  |
|  |  |
|  |  |

## Additives

| ADDITIVE | AMOUNT |
|---|---|
|  |  |
|  |  |
|  |  |
|  |  |

Preparation Notes: _____
_____
_____
_____
_____
_____
_____
_____
_____
_____

## Yeast Type:

_____
_____

Original Gravity: _____ Final Gravity: _____ ABV: _____
Procedure Notes: _____
_____
_____
_____
_____
_____
_____

Fermentation and Racking Notes:_____
_____
_____
_____
_____

Bottling Notes: _____
_____
_____
_____

**Notes on Finished Wine**

Color: _____
Taste: _____
_____
_____
pH: _____
SO2:_____
Other: _____
_____
_____

_____
*WINE NAME*

Wine Style: _____   Date Started: _____

Batch Number: _____   Batch Size: _____

## Ingredients

| INGREDIENT | AMOUNT |
|---|---|
|  |  |
|  |  |
|  |  |
|  |  |

## Additives

| ADDITIVE | AMOUNT |
|---|---|
|  |  |
|  |  |
|  |  |
|  |  |

Preparation Notes: _____
_____
_____
_____
_____
_____
_____
_____
_____
_____

Yeast Type:
_____
_____

Original Gravity: _____ Final Gravity: _____ ABV: _____

Procedure Notes: _____
_____
_____
_____
_____
_____
_____

Fermentation and Racking Notes:_____
_____
_____
_____
_____
_____

Bottling Notes: _____
_____
_____
_____
_____

**Notes on Finished Wine**

Color: _____

Taste: _____
_____
_____

pH: _____
SO2:_____
Other: _____
_____
_____

_____
*WINE NAME*

Wine Style: _____  Date Started: _____

Batch Number: _____  Batch Size: _____

## Ingredients

| INGREDIENT | AMOUNT |
|---|---|
|  |  |
|  |  |
|  |  |
|  |  |

## Additives

| ADDITIVE | AMOUNT |
|---|---|
|  |  |
|  |  |
|  |  |
|  |  |

Preparation Notes: _____

_____
_____
_____
_____
_____
_____
_____
_____
_____

Yeast Type:

_____

Original Gravity: _____ Final Gravity: _____ ABV: _____

Procedure Notes: _____

_____
_____
_____
_____
_____
_____

Fermentation and Racking Notes:_____

_____
_____
_____
_____
_____

Bottling Notes: _____

_____
_____
_____
_____

**Notes on Finished Wine**

Color: _____

Taste: _____

_____

pH: _____
SO2:_____
Other: _____

_____
_____

_____
*WINE NAME*

Wine Style: _____  Date Started: _____

Batch Number: _____  Batch Size: _____

## Ingredients

| INGREDIENT | AMOUNT |
|---|---|
|  |  |
|  |  |
|  |  |
|  |  |

## Additives

| ADDITIVE | AMOUNT |
|---|---|
|  |  |
|  |  |
|  |  |
|  |  |

Preparation Notes: _____
_____
_____
_____
_____
_____
_____
_____
_____
_____

## Yeast Type:

_____

Original Gravity: _____ Final Gravity: _____ ABV: _____

Procedure Notes: _____

_____
_____
_____
_____
_____
_____

Fermentation and Racking Notes: _____

_____
_____
_____
_____
_____

Bottling Notes: _____

_____
_____
_____
_____

**Notes on Finished Wine**

Color: _____

Taste: _____

_____
_____

pH: _____
SO2: _____
Other: _____

_____
_____

_____
*WINE NAME*

Wine Style: _____  Date Started: _____

Batch Number: _____  Batch Size: _____

## Ingredients

| INGREDIENT | AMOUNT |
|---|---|
|  |  |
|  |  |
|  |  |
|  |  |

## Additives

| ADDITIVE | AMOUNT |
|---|---|
|  |  |
|  |  |
|  |  |
|  |  |

Preparation Notes: _____
_____
_____
_____
_____
_____
_____
_____
_____
_____

Yeast Type:
_____
_____

Original Gravity: _____ Final Gravity: _____ ABV: _____

Procedure Notes: _____
_____
_____
_____
_____
_____
_____

Fermentation and Racking Notes:_____
_____
_____
_____
_____
_____

Bottling Notes: _____
_____
_____
_____
_____

**Notes on Finished Wine**

Color: _____

Taste: _____
_____
_____

pH: _____
$SO_2$:_____
Other: _____
_____
_____

*WINE NAME*

Wine Style: _____  Date Started: _____

Batch Number: _____  Batch Size: _____

## Ingredients

| INGREDIENT | AMOUNT |
|---|---|
|  |  |
|  |  |
|  |  |
|  |  |

## Additives

| ADDITIVE | AMOUNT |
|---|---|
|  |  |
|  |  |
|  |  |
|  |  |

Preparation Notes: _____

_____

_____

_____

_____

_____

_____

_____

_____

Yeast Type:

_____

Original Gravity: _____ Final Gravity: _____ ABV: _____

Procedure Notes: _____
_____
_____
_____
_____
_____
_____

Fermentation and Racking Notes:_____
_____
_____
_____
_____
_____

Bottling Notes: _____
_____
_____
_____
_____

**Notes on Finished Wine**

Color: _____

Taste: _____
_____
_____

pH: _____
SO2: _____
Other: _____
_____
_____

*WINE NAME*

Wine Style: _____  Date Started: _____

Batch Number: _____  Batch Size: _____

## Ingredients

| INGREDIENT | AMOUNT |
|---|---|
| | |
| | |
| | |
| | |

## Additives

| ADDITIVE | AMOUNT |
|---|---|
| | |
| | |
| | |
| | |

Preparation Notes: _____
_____
_____
_____
_____
_____
_____
_____
_____
_____

## Yeast Type:

_____

Original Gravity: _____ Final Gravity: _____ ABV: _____

Procedure Notes: _____
_____
_____
_____
_____
_____
_____

Fermentation and Racking Notes:_____
_____
_____
_____
_____
_____

Bottling Notes: _____
_____
_____
_____
_____

**Notes on Finished Wine**

Color: _____

Taste: _____
_____
_____

pH: _____
SO2:_____
Other: _____
_____
_____

_____
*WINE NAME*

Wine Style: _____    Date Started: _____
Batch Number: _____    Batch Size: _____

## Ingredients

| INGREDIENT | AMOUNT |
|---|---|
|  |  |
|  |  |
|  |  |
|  |  |

## Additives

| ADDITIVE | AMOUNT |
|---|---|
|  |  |
|  |  |
|  |  |
|  |  |

Preparation Notes: _____
_____
_____
_____
_____
_____
_____
_____
_____
_____

## Yeast Type:

_____
_____

Original Gravity: _____ Final Gravity: _____ ABV: _____

Procedure Notes: _____
_____
_____
_____
_____
_____
_____

Fermentation and Racking Notes:_____
_____
_____
_____
_____
_____

Bottling Notes: _____
_____
_____
_____
_____

**Notes on Finished Wine**

Color: _____

Taste: _____
_____
_____

pH: _____
SO2:_____
Other: _____
_____
_____

*WINE NAME*

Wine Style: _____   Date Started: _____

Batch Number: _____   Batch Size: _____

## Ingredients

| INGREDIENT | AMOUNT |
|---|---|
|  |  |
|  |  |
|  |  |
|  |  |

## Additives

| ADDITIVE | AMOUNT |
|---|---|
|  |  |
|  |  |
|  |  |
|  |  |

Preparation Notes: _____

_____

_____

_____

_____

_____

_____

_____

_____

_____

Yeast Type:

_____

Original Gravity: _____ Final Gravity: _____ ABV: _____
Procedure Notes: _____
_____
_____
_____
_____
_____
_____

Fermentation and Racking Notes:_____
_____
_____
_____
_____
_____

Bottling Notes: _____
_____
_____
_____
_____

**Notes on Finished Wine**

Color: _____
Taste: _____
_____
_____
pH: _____
SO2:_____
Other: _____
_____
_____

*WINE NAME*

Wine Style: _____    Date Started: _____

Batch Number: _____    Batch Size: _____

## Ingredients

| INGREDIENT | AMOUNT |
|---|---|
|  |  |
|  |  |
|  |  |
|  |  |

## Additives

| ADDITIVE | AMOUNT |
|---|---|
|  |  |
|  |  |
|  |  |
|  |  |

Preparation Notes: _____
_____
_____
_____
_____
_____
_____
_____
_____
_____

## Yeast Type:

_____
_____

Original Gravity: _____ Final Gravity: _____ ABV: _____
Procedure Notes: _____
_____
_____
_____
_____
_____
_____

Fermentation and Racking Notes:_____
_____
_____
_____
_____
_____

Bottling Notes: _____
_____
_____
_____

**Notes on Finished Wine**

Color: _____
Taste: _____
_____
_____
pH: _____
SO2: _____
Other: _____
_____
_____

_____
*WINE NAME*

Wine Style: _____    Date Started: _____

Batch Number: _____    Batch Size: _____

## Ingredients

| INGREDIENT | AMOUNT |
|---|---|
|  |  |
|  |  |
|  |  |
|  |  |

## Additives

| ADDITIVE | AMOUNT |
|---|---|
|  |  |
|  |  |
|  |  |
|  |  |

Preparation Notes: _____

_____

_____

_____

_____

_____

_____

_____

_____

_____

Yeast Type:

_____

_____

Original Gravity: _____ Final Gravity: _____ ABV: _____

Procedure Notes: _____

_____

_____

_____

_____

_____

Fermentation and Racking Notes:_____

_____

_____

_____

_____

Bottling Notes: _____

_____

_____

_____

**Notes on Finished Wine**

Color: _____

Taste: _____

_____

pH: _____

$SO_2$:_____

Other: _____

_____

_____

_____
*WINE NAME*

Wine Style: _____  Date Started: _____

Batch Number: _____  Batch Size: _____

## Ingredients

| INGREDIENT | AMOUNT |
|---|---|
|  |  |
|  |  |
|  |  |
|  |  |

## Additives

| ADDITIVE | AMOUNT |
|---|---|
|  |  |
|  |  |
|  |  |
|  |  |

Preparation Notes: _____
_____
_____
_____
_____
_____
_____
_____
_____

Yeast Type:
_____
_____

Original Gravity: _____ Final Gravity: _____ ABV: _____

Procedure Notes: _____
_____
_____
_____
_____
_____
_____

Fermentation and Racking Notes:_____
_____
_____
_____
_____
_____

Bottling Notes: _____
_____
_____
_____

**Notes on Finished Wine**

Color: _____

Taste: _____
_____

pH: _____
SO2:_____
Other: _____
_____
_____

_____
*WINE NAME*

Wine Style: _____   Date Started: _____

Batch Number: _____   Batch Size: _____

## Ingredients

| INGREDIENT | AMOUNT |
|---|---|
|  |  |
|  |  |
|  |  |
|  |  |

## Additives

| ADDITIVE | AMOUNT |
|---|---|
|  |  |
|  |  |
|  |  |
|  |  |

Preparation Notes: _____
_____
_____
_____
_____
_____
_____
_____
_____

Yeast Type:
_____
_____

Original Gravity: _____ Final Gravity: _____ ABV: _____

Procedure Notes: _____

_____
_____
_____
_____
_____
_____

Fermentation and Racking Notes: _____

_____
_____
_____
_____
_____

Bottling Notes: _____

_____
_____
_____
_____

**Notes on Finished Wine**

Color: _____

Taste: _____

_____
_____

pH: _____
SO2: _____
Other: _____

_____
_____

_____
*WINE NAME*

Wine Style: _____  Date Started: _____

Batch Number: _____  Batch Size: _____

## Ingredients

| INGREDIENT | AMOUNT |
|---|---|
|  |  |
|  |  |
|  |  |
|  |  |

## Additives

| ADDITIVE | AMOUNT |
|---|---|
|  |  |
|  |  |
|  |  |
|  |  |

Preparation Notes:_____
_____
_____
_____
_____
_____
_____
_____
_____
_____

## Yeast Type:

_____

Original Gravity: _____ Final Gravity: _____ ABV: _____

Procedure Notes: _____
_____
_____
_____
_____
_____
_____

Fermentation and Racking Notes:_____
_____
_____
_____
_____
_____

Bottling Notes: _____
_____
_____
_____
_____

**Notes on Finished Wine**

Color: _____

Taste: _____
_____
_____

pH: _____
SO2:_____
Other: _____
_____
_____

_____
*WINE NAME*

Wine Style: _____  Date Started: _____

Batch Number: _____  Batch Size: _____

## Ingredients

| INGREDIENT | AMOUNT |
|---|---|
|  |  |
|  |  |
|  |  |
|  |  |

## Additives

| ADDITIVE | AMOUNT |
|---|---|
|  |  |
|  |  |
|  |  |
|  |  |

Preparation Notes: _____

_____

_____

_____

_____

_____

_____

_____

_____

Yeast Type:

_____

Original Gravity: _____ Final Gravity: _____ ABV: _____

Procedure Notes: _____
_____
_____
_____
_____
_____
_____

Fermentation and Racking Notes:_____
_____
_____
_____
_____
_____

Bottling Notes: _____
_____
_____
_____
_____

**Notes on Finished Wine**

Color: _____

Taste: _____
_____
_____

pH: _____
SO2:_____
Other: _____
_____
_____

_____
*WINE NAME*

Wine Style: _____  Date Started: _____

Batch Number: _____  Batch Size: _____

## Ingredients

| INGREDIENT | AMOUNT |
|---|---|
|  |  |
|  |  |
|  |  |
|  |  |

## Additives

| ADDITIVE | AMOUNT |
|---|---|
|  |  |
|  |  |
|  |  |
|  |  |

Preparation Notes: _____
_____
_____
_____
_____
_____
_____
_____
_____
_____

Yeast Type:

_____

Original Gravity: _____ Final Gravity: _____ ABV: _____
Procedure Notes: _____
_____
_____
_____
_____
_____
_____

Fermentation and Racking Notes:_____
_____
_____
_____
_____
_____

Bottling Notes: _____
_____
_____
_____
_____

**Notes on Finished Wine**

Color: _____
Taste: _____
_____
_____
pH: _____
SO2:_____
Other: _____
_____
_____

_____
*WINE NAME*

Wine Style: _____    Date Started: _____

Batch Number: _____    Batch Size: _____

## Ingredients

| INGREDIENT | AMOUNT |
|---|---|
|  |  |
|  |  |
|  |  |
|  |  |

## Additives

| ADDITIVE | AMOUNT |
|---|---|
|  |  |
|  |  |
|  |  |
|  |  |

Preparation Notes: _____
_____
_____
_____
_____
_____
_____
_____
_____

Yeast Type:
_____
_____

Original Gravity: _____ Final Gravity: _____ ABV: _____

Procedure Notes: _____
_____
_____
_____
_____
_____
_____

Fermentation and Racking Notes:_____
_____
_____
_____
_____
_____

Bottling Notes: _____
_____
_____
_____
_____

**Notes on Finished Wine**

Color: _____

Taste: _____
_____
_____

pH: _____
SO2: _____
Other: _____
_____
_____

Printed in Great Britain
by Amazon